RACSO MOREJÓN

I0141592

CON LA ISLA
AL HOMBRO

EDITORIAL LETRA VIVA
CORAL GABLES, LA FLORIDA

Copyright © 2013 By *Editorial Letra Viva*
Postal Office Box 14-0253,
Coral Gables FL 33114-0253
Editor: Racso Pérez Morejón
Cover Graphic: Daniel Ramos
(*Mirada Crítica* painting)
ISBN: 0989412504
ISBN-13: 978-0-9894125-0-6

Printed in the United States of America

EXORDIO

LOS AJUSTES DEL JUSTO

Declara el poeta Racso Morejón, en verso de transparente discurrir, que lucha por ajustar su pulso a la realidad. La poesía es el movimiento de ajuste que realiza el espíritu para que una existencia reentre y crezca en su realidad. Cada existencia sabe qué es su realidad, y es por ello que cada verso resulta intransferible.

No se pueden escribir versos, que son testimonios y exhortaciones de un soplo de vida que habla, sino se tiene una apetencia oscura de sentido y una incandescencia de la memoria. Los versos de Racso Morejón establecen un sentido para su existencia y vibran en el aire como una estela en fuga.

No entran en espacios sofisticados, en las jardinerías de la sensibilidad, en los recintos de belleza que un largo cultivo estético nos ha estereotipado, sino que soplan sobre la madera con la voz del follaje sanguíneo y sobre su aromosa superficie recién cortada esculpen las puntas coruscantes de la angustia.

Es una angustia conversada, entretejida con la voz de otros, sostenida para el enlace, con el impulso natural de un alma que se siente profundamente solidaria y no teme entregar la entraña para el ejercicio del reconocimiento recíproco, en que es tan ducha la amistad grande.

A veces el poeta siente bullir dentro de sí la fuerza amorosa de gigantescos fuelles, y el verso se le elonga y cuerpea robusto; y en otras ocasiones aparta las manos del estrechón comunicativo y deja caer, en palabra desgranada o en silabeo roto, la súbita falta de contacto o la saturación osmótica. Su palabra se delinea, flexible y suelta, sin más pauta que la sinceridad.

Tocar estos versos de Racso Morejón es, como lo indicaba Whitman, tocar a un ser humano en su absoluta integridad. Un individuo, cognoscente y amante, que cree en nosotros, sus lectores, y que nos considera con respeto sus pariguales en la compleja experiencia de vivir y entrever nuestros sueños como los ajustes que todo ser justo trata de cumplir en la vorágine de lo real.

Profesor Roberto Manzano Díaz.
Poeta y crítico literario.

SOBRE EL AUTOR

Racso Morejón, (Ciudad de La Habana, 1965). Carpintero. Poeta, crítico literario y promotor cultural.

Aparece incluido en la antología *Rapsodias*, selección de poesía contemporánea, Montevideo-Brasilia, 2006 Editores Bianchi del Movimiento Cultural aBrace que organiza el Festival de Poesía de Montevideo, Uruguay; el poemario *Unidos por la Poesía*, Ediciones Mañá 2008, y en la antología *El ojo de la luz*, 2009, selección de poetas y artistas plásticos cubanos, impreso por Diana Ediciones en edición bilingüe y en *El libro verde*. Festival Internacional de Poesía de la Habana, 2011.

Tiene inéditos los cuadernos de poesía *Voracidad de la memoria* (2004), *El libro de Danay* (2012) y *XX poemas de un tirón y mi canción desesperada* (2012) de poesía erótica.

Poemas suyos han sido publicados en las revistas *El Caimán Barbudo* y *Educación*, así como en los portales digitales Cubaliteraria, *Mar desnudo* e *Isliada.com*.

Habitualmente colabora con sus críticas literarias y entrevistas realizadas a poetas en el propio portal de *Cubaliteraria*, en el proyecto *Esquife* de la AHS y en las revistas *Revolución y Cultura* y *El Caimán Barbudo*.

Desde el año 2007 se ha dedicado a la programación cultural, coordinó y condujo el espacio habitual de la Casa de la Poesía, *Informalmente formal*, dedicado a promover la vida y la obra de poetas cubanos contemporáneos. En la actualidad se desempeña como Analista de la revista *El Caimán Barbudo*.

ÍNDICE

COORDENADAS DEL OLVIDO

SINAPSIS EN LA GARANTA

A LOS AMIGOS NUEVOS

A LA LUZ, AL LLANTO

Racso Morejón

Tal vez las siguientes páginas sean acaso sinapsis en la garganta, naufragios que ya he olvidado, vientos que condensan mi tropel de signos, derramándolos en las aguas de la memoria. Beber el vino de Circe implica tomar, ya se sabe, el aspecto del animal que más se nos asemeja; estos títulos son, entonces, la flor blanca y sus páginas, sin dudas, el oportuno Mercurio, quien la ofrece en el ancho bosque de las remembranzas: soledades íntimas que algunos llaman poesía.

Confisco mi propia Fe cuando escribo no creo más que en mis fantasmas y en ti   página.

El autor

RACSO MOREJÓN

COSTAL DE PECADOS

No decía palabras,
acercaba tan sólo un cuerpo interrogante,
porque ignoraba que el deseo es una pregunta
cuya respuesta no existe.

Luis Cernuda

Costal de Pecados

...que esta es noche de gozar.
Juan Cristóbal Nápoles Fajardo

Véngase señora

a la humedad proverbial a la danza

al néctar

al desenfreno

Y al clamor

Aduéñese con alevosía

del gemido viril.

Hágase propietaria

de la lengua que me escarza.

Envíeme sobre esas nubes

de vaporosa densidad

y créame un filibustero

de orgasmos ajenos

melodías y oficios

de noche tras noche.

Tanta osadía   da igual

los relámpagos se abstienen

al costal de pecado.

RAZÓN PARA ESTE POEMA

Pudo llamarse Nancy, un rostro bajo el cielo.

Raúl Hernández Novás

Renuncio a mi geografía
con costas me siento feroz.

Esclavo de esta raza presiento el ansia de
escapar

en otra dimensión al equinoccio de tus aguas.
El delirio amargo hace la memoria del sujeto
proyectado en el espejo de tu indiferencia.

Soy entonces la orilla del laberinto.
Fiebre de desconsuelo
o un escarabajo sin hojarasca
transitando un raíl detrás del iluso carrusel.

Soy también un cisne como homenaje en la
pesadilla del tiempo.

Así

pudo llamarse Nancy, un rostro bajo el cielo
la implacable razón para este poema.

TU NOMBRE SI SE LLAMA RECUERDO

Quiero gritar tu nombre

a doce pasos del abecedario.

El primer peldaño ata en pánico

mi lengua salada y muda.

Con diecinueve peldaños no alcanzo lo que con
aquella letra

que hunde en ti mi mirada insaciable

de noches que te intentan.

Parto el llanto en mi epidermis

escalo veintiuno sin mortaja

aparto tus senos

la rabia de los cabellos

y rompo el rostro en tu gemido

que agota mi suicidio.

A mansalva arrastro los pétalos su olor

hasta el peldaño zeta.

Nace una tormenta

piernas a la plaza de los apetitos

tú

agua

de mi

agua.

Susurro a mi inocencia

que no te diga nada

nada la luz

nada mi culpa

nada el olvido

nada los andenes.

Regreso a insistir

acomodo mi pánico

al lienzo del primer escalón.

Persigo como un ciudadano

el olor a mar de tu saliva.

Te pronuncio mujer

fuente granada.

Grito a tu inocencia:

Acomoda tu sed

a mi pecho blando de ausencias.

Detenido al filo de una letra.

LO RAZONABLE

Pero hay que gritar.
Más allá del mudo abecedario
de nuestros cuerpos.

Esculpir los deseos
no es cincelar palabras
sino orquestar los poros
que ciñen los gemidos
y apuran los sudores.

Yo te lo digo Eva
que me trago la nada
cuando me río germinal
allá en tu hondura
o aquí en tus cúpulas.

Hay que gritar
arrancarse el pecho.

Gemir es solo el itinerario de las estrellas

despertar la luz

encender la desnudez.

Hay que gritar

es lo razonable

allende la humedad.

No mata el deseo

Tu cuerpo no mata el deseo.

El torbellino del instinto
se desconcierta.
Contra los pétalos
conquisto mi llanto
de cazar quejidos
estremecimientos
telúricas memorias
nombradas ausencias
vorágine de crisol y badajo.

De sed regreso
abstemio y delirante
delirante y abstemio
a escanciar la esencia
aguacero de tu género
y el destello de tus ojos.

Mimetizo tu olor

que penetra mis manos.

Sinapsis sitiada

contra la intemperie sempiterna

almizcle sometido al guiño de tu río

último suspiro

próximo silencio.

La memoria es inconclusa

para registrar retornos.

me estorba el aldabón del tiempo

extravío el por qué

me exilio del instinto

arpegio

y solfeo

tu carne

tu susurro

tu aliento.

¿Ves, no lo notas?

Tu cuerpo no mata el deseo.

Sɪ TODO LO QUE SUCEDA

Si todo lo que suceda o no
en el momento sumo de inventar nuestro
mundo
no fuese más que el gesto apocalíptico
de mirarnos
extrañarnos
temernos
quedaríamos en el tiempo
con el déficit de su heredad.

Tú tendrías que decirme quién soy
en la impar simetría que me devora.
Después pliega el socorro que te estremece
hasta la estrechez de mi consonancia íntima
y que brote la sal.

Pliega en el entorno la sombra
y sus dimensiones.

Qué importa la liebre

saltando saltando saltando.

Qué importa la alondra
volando volando volando.

Qué importa la madeja
riendo riendo riendo.

En esa jaula que es la noria
de la edad y los intervalos
por donde un día pasaron
inocentes
tremulas
latentes
tu savia
mi savia.

SABÍA DE TUS OJOS

Y qué capricho es ése
de poner en los ojos dientes
en vez de pupilas.
De violar el mapa
desde la complicidad
inocente de la ventana
y huidizo correr
a templar la sílaba
    el asedio
    el ardor
    el sueño
en el próximo y terso mensaje
de las manos reconociéndonos.
¿Qué han de importar a un
río las dudas, los temblores
de miedo de un muchacho?*

La Casa de la Poesía, marzo 2008

*Pablo Armando Fernández

MATICES DEL SUDOR

El hombre mira a la mujer   escruta.

Encima de su vientre una luz abre la sonrisa
es campo   hierba rociada
se extiende hasta las manos del hombre
que ignora cuando hinca el vacío
tiembla cómplice la mirada
encajando un borboteo de rival conspicuo.

El hombre mira a la mujer   escruta.

En esa hora las voces interrumpen
persiguen la mañana   el gentío.
Y ella   secretamente tendida
              estruja todo
hasta la sonrisa.

LABERINTO

Alguien sin reclamo cruza el sendero
un ápice contra la alquimia crea el silencio
exhibe la mesa de mil   y un milagros
donde se ausenta la calma diciendo adiós
con un aleteo irrisible.

Falta el eco de la ilusión
rostro para el ángel.

Se deshoja el calendario
hondos mis trazos buscan tus trazos.

La esperanza resuma sueños
engendra laberintos
sed de viajar a la luz profunda
mezcla de desvarío con la poesía.

Pensar ahora sin sospecha
es más el pretexto que la insolencia
de perdonar Minotauros.

Poseso

fugitivo de mi propia voz
hago la travesía.
Estoy buscando un rostro para el ángel.*

*Ada Elba Pérez

ÁMBITO DE LO COTIDIANO

Yo buscaba la mañana
no la claridad   sino el sentido
ámbito de lo cotidiano
esa respuesta que lleva aún el silencio.
Un encuentro con otro ánimo
quizás el gesto anticipado
al piélago que traigo dentro.

Así fundé mi propia alucinación
un testimonio para postergar
el estado de la almendra
desnudarme las venas
en el sitio menesteroso de la psiquis.

Yo buscaba la mañana.
acerté tu silueta
entre Febo y mis ojos.
Yo
que buscaba la mañana.

CÁRCEL DE PRECIPITACIONES

Se me fugó el canto
a la estrechez de la queja homicida
acaso portentoso naufragio
abismo húmedo y arrogante de piel
sin sosiego en la otra.

Una sacudida infalible de poros hasta la
lágrima.

Se me extravió la identidad escalándote
la virtud se hizo cárcel de crepitaciones.

¿Qué importan los cuervos afuera
tras el cristal límpido de los suspiros
ahogando la sed de poseernos?

Invocación al roce

Convoca a beber
la luna deslizada.
Haz tibios mis maduros deseos
cuerpo contra sí y otro.
Carga con la sospecha inagotable sed.
Laberinto a donde va sin reino la humedad.
Entierra en los portales impúdicos
el ojo que lame el horizonte
esperanza desnuda.
Arropa sin lejanía
la intimidad del poema.
Ola de orificios y proverbios
adicto a los océanos.
Caravana extraña de sueños y latidos.
Rumor fugaz de amazona y varón.
Velamen para la soledad.
Manecillas goteando
zonas del tiempo ridiculizadas
por la fragua de la lujuria.
Aljibe de anhelos y calandrias.

Aliento volcánico

en la travesía de Penélope.

Enrame de lealtad por la vocación

del arquero de Ítaca.

JARDÍN DIMINUTO

Puedo acariciar la eternidad entre tus aguas.

Salto al delirio   fuego y metal

con una avidez que corrompe

la miseria relampagueante del hastío.

Convocado al borde

salto además a tu cuerpo

para encontrarme.

El deseo es una pregunta que nadie sabe.

Tu espesura es signo y carne

abriendo al cielo su jardín diminuto.

El tiempo no me anida en su regazo

Impele mi cuerpo.

El raciocinio se desvanece

ante el muro de tus ojos.

Me hundo.

Resultas avara proclamándome entre labios.

Caigo para quien no lo sepa

como ladrón de su propia mercancía

alado al hechizo

en el espanto y la soberbia

al compás el camino a tu vientre

origen y partida.

Todo como el agua

es combinar moléculas

un equilibrio

procurando la cena febril.

Si una muchacha

Me levantaba

el espacio inconfeso decapita esta distancia

pulida quemada cincelada.

En mí converge un grito

que entre pestañas derrama un oasis

rasgando un cosmos lactoso

hundido en tu lejana risa

en el café de apocar las iras, los Eros.

A las seis recojo una hoja de la arena

—como tu más simple presencia—

vanamente escribo que soy un pasajero

que agita los ojos ya para siempre humo

que te inventa más allá de la fantasía

que te pronuncia

con la soledad interminable de la demencia

o tal vez a propósito de ella.

Escribo:

un poema no se construye de costa a costa

en lo perverso de la complicidad, un poema está

en la muchacha que te odia, dulcemente, desde

tu confusa extravagancia y eso, bajando hasta

el lenguaje de las puertas, quiere decir que

llegaste a la bahía de espalda a la costa.

¡Si una muchacha me esperara!

—como tu más simple presencia— en una

oficina   en su piel

en una plaza   en una pregunta

en una callejuela   en el inconsciente

en un proyecto inacabado   en un grito

en un sueño   en un uni-verso

o en la brutalidad implacable de la impaciencia.

Bajo cualquiera de estas benditas

circunstancias

estaríamos cociendo el arte de vivir.

Y

ya que estoy pidiendo en demasía

¿si esa muchacha tuviese un nombre?

Un nombre vital

un nombre que infarte a la roca

un nombre sin más provisiones que el nombre
del nombre

un nombre sin tiempo en mi espacio

—y también viceversa—

un nombre que se expanda

por mi espalda lamentable

un nombre incluso sin abecedario

un nombre pueril para que olvide el olvido
un nombre

nombre de tu nombre

un nombre para que yo lo grite como antes te
dije

aunque respondan la distancia y esa hoja
donde escribo

que un poema no se construye de costa a costa.

Esta no es mi mano

Esta no es mi mano

(subjetivamente hablando)

no es mi mano

ni es otra que se le parezca

en el delito desnudo por el gesto

que invoca a descifrar tu cuerpo.

Alucinante en mi vicio grito

la trampa de ir a la caverna

de acorralarme en la sinrazón lábil

donde me domas hasta el rencor por la
humedad.

Tal vez dios —sí, con minúscula— salve mi
culpa

y si no

qué importa, si las ruinas de un cuerpo

sostienen las del otro*.

Iré buscando la huella tu huella

de consumir el desamparo

y doblar mi relente

hasta la marea que es siempre

el costado sempiterno del desvelo.

Esta no es mi mano (objetivamente hablando).

*Maykel Rafael Panequ

TU EGOÍSMO

Voy a conquistar tu egoísmo
bautizaré a mi antojo
tu geografía
con mis aguas
rindiendo a la luz tu gemido.

Abrazo a esa vehemencia
que me hace vigoroso
talismán para prejuicios.
Los gemidos apostarán sus laureles
al crepúsculo enseñoreado de Abril.

¿Escribo para merecer tu egoísmo?

Qué no haría.
Llorar: triunfé.
Venirme: acontecí.

Estoy salvando ser yo otro.

EN ESTAS PALABRAS

I

Sería un psicópata
a esta altura menesterosa de mi letra.
Traslado vasijas de piedra con lodo
para agenciarme el papiro y la tinta
y regreso la memoria en otra dirección
casi siempre opuesta.
Disfruto disentir de la lógica
soy proclive al impulso
gasto mis paradojas
en vajillas y tenedores
y salto de madrugada
a recuperarme de sueños y letargos
condicionados al atisbo.
Sería un psicópata
en el retorno
rompiendo el silencio
los almanaques las raíces
páginas inabordables.

II

Habito un navío que me ennoblece
pago el antifaz de nombrarme
por mi modo de masticar semejantes
con la vergüenza del soberbio estupor.
Sería un psicópata
a esta altura menesterosa de mi letra
evitando la imprudencia
de no perder la impavidez vagando errante
en esta palabras.
Sería un psicópata
pedestre y jironado
de no ser porque guardo
detrás de estas tintas
el olor empíreo
de tu susurro.

ATAJO A LA SED

Crecer entre tus piernas es tomar un atajo a la
sed

diseminar la humedad en nuestro mísero
cuerpo

y atar a la locura un golpe nupcial que nos
haga penetrar

con hambre de nadie y de todos los huérfanos

hasta los apóstrofes genitales que inoculan tus
espasmos.

Crecer entre tus piernas

es

tomar

un

atajo

a

la sed.

Mirada inédita

Y quise decir la palabra
el silencio diminuto de cifrar
en el navío de mis vísceras
toda la pesadumbre de aquel banco
donde la desidia rompió tu risa
y segó la canción de hacernos antiguos.

Qué reaviva el soplo de tu mirada

mirada que no puedo
mirada sugestiva
mirada insólita
mirada lágrima
mirada almendra
mirada salto
mirada espuma
mirada paralela
mirada casi
mirada inédita.

Qué tontería la de hundirme en tu piel
o en el silencio mismo de la palabra
como si todo no fuera
más que algoritmo hominal.

Dentro de la espesura soy pétalo de sed
    acaso solsticio
abrazando en mí tu mirada fugaz.

Qué tontería la de hundirme en tu piel
o en remembranzas de espanto
sitiar el curso dadivoso de los días
cuando todo fin atroz se resume a un lirio
en la plenitud de aquello que amábamos.

Triste el silencio apaga la reticencia
    escribo los años
los siglos del banco

donde la desidia rompió tu risa
y nació tu mirada.

YO QUISIERA MIRARTE MÁS*

...pero tú me dejas el rostro y esa manía de la distancia.

Estar a la manera de la araña

a ratos construyendo su cosmos

    de cuerdas luminosas

para atrapar fragmentos de vida

espejos de lluvia donde te asomas plural.

Diles que no necesitas credenciales

que tu presencia es el polvo de los viajes

y esa danza de ju(z)gar a la infancia

hundiendo los ojos

    en carne propia que a mar se entrega

      en ávidas corrientes

para juntar epicúreas coincidencias.

Acaricio mis alas

a través de su tenue opacidad el camino se trueca

en mapa de los vientos

todo es plausible

un surtidor de polen una bitácora

ese vitral donde se duermen los recuerdos

para que acudan los duendes con sus
cascabeles

y la luz donde juntan la trascendencia de las
migajas.

Resplandece el acierto

la ilusión nos obsequia

un nuevo vientre donde amortiguar el rencor de
la partida

Despliego   vuelo.

Ah, no soy mariposa que se afiebra

y lanza al vacío iluminado

una voz ancestral silba en mi dintel

graznido de cuervos

fantasmas que mecí en mis brazos

    equívocos nacimientos

y vienen por mí.

*   Poema escrito verso a verso y a cuatro
manos con la poetisa santiaguera Mirna
Figueredo.

EROTESTAMENTO

(VERSIÓN PRIMERA)

He comenzado un viaje sin regreso.
Alarmado
con un final de mandamiento
y unos de mis siete ánimos rotos
    o consumándose —qué más da—
en la placidez de la esencia por retornar al
polvo.

Dije viaje
sin manuscrito ni madero
    sin botella por lanzar
a los extraños mares de las metáforas
    ni horizonte donde confesarme.

Arbolado a la incontinencia que no declaro
siento cómo crecen mis plantas
la hierba por los costados de mis sueños
las rocas que enervan el jardín
y otras manías vegetarianas que aplacan el
otoño

memoria de las vísceras.

No detengo los presagios que tocan a mi puerta

para que continúen siendo elegías del oportuno.

Entre tanto vislumbro arpegios de tu voz

y me contento con saber que puedo dolerme

   tan largamente

    tan adentro

que me alcanzo enfebrecido en fuga al espejo.

Sólo quiero un remanso inhóspito

una piedra hueca como epitafio donde quepa mi
otro Yo

y juntar mi piel sin rodeos con la tierra

para de cierta manera

      copularla en mis delirios

y

si no es mucho pedir

convenzan a Carilda

les dará un poco de la de ella.

Ya sabrán dónde ponérmela.

Cotorro y enero / 2003

GEOMETRÍA DEL DESEO

acepta solo el hosco temblor mío

y mi piel sin caricia ha de abrigarte.

Raúl Hernández Novás.

Ahora que mis manos se ha humedecido

y hasta la sed de mi ombligo   portentoso o
abominable

                      -según armonices-

es inundando por sueños de agonía y lasitud
después de desandar los registros de la
memoria

  moneda a moneda la miseria de tu carne

tan mía   tan ajena   tan de nadie

acepto que pierdo mi espacio

en los bordes de tus labios

y que   arrojado al silencio   me perteneces

como nos pertenece cada prostituta

inocente sombra de la conciencia

aunque filosóficamente sea una tortura.

Todavía estoy en la usura el crimen de mi sexo

-como las revoluciones   edificando epitafios-

exhalo en tu carcajada la soberbia de un
hombre

    maniático   utópico   laberíntico que se
caga en las reglas de la moral y la belleza
-asignaturas   mundiales para universitarios
pavorosos-

Entonces   con mis sábanas heridas
             en el frenesí de lo que imagino
             grito tu nombre
             aprieto mis pechos que lanzo a la
             intemperie
             hasta el montó de cenizas
             que obra la adherencia a ti misma.

Cómo eres que tan fácil te borran mis aguas

cómo eres si por la ciudad te espero y los
escombros te cubren

cómo eres porque no se manifiestan el prudente
y el incauto

cómo eres del mercado hasta la carta el barman

donde me bebo a mi mismo

cómo eres para que el yo afirme que eres fulana
de tal

cómo eres si alfa y omega no son garantías

cómo eres al penetrar migaja a migaja los
contornos
        de mis ojos que abrazan tu

    esquivez.

Así   podría escanciar en tu incentivo un
sinfín de ejes hasta tu andén.

callo   qué puedo hacer sin dimensión. la
gratitud lleva prisa fuera de mis aguas
y si bien no pierdo la vísceras en esta marea en
este andar de otoño de los deseos
no habrá escritura   reproche   plenitud
cuando quedamos frente a las posibilidades.
Todo aquí queda premeditado a partir de ahora
-como las páginas en blanco-

Romper silencios

Mis ventanas están fundidas al horizonte
con alas de futuro
pies de pasado
ojos de presente
y tú
esperas mi voz

como si fuera un traficante de sonrisas.
mi voz para salvar al vacío
a modo de advertencias
conformándote
con salpicaduras de verbos y sustantivos
que emergen cual promisiones errantes.

Algo muere de mí
si estoy a la vista de otros
te parecería dramático
-telúricamente dramático-
en la concreción de los deseos

en la fornicación de la luz
en el precipicio de las claridades.

Entonces la humedad se adesierta
y la omisa voz de la carne ensaya
romper silencios.

COORDENADAS DEL OLVIDO

Racso Morejón

COORDENADAS DEL OLVIDO

Cuando pase el tiempo y estos poemas no conserven la luz que los engendró y la amargura del de cursar de la vida me privara de la soledad de la palabra, no sería culpa de la partida, estaría desnuda la conjetura inmediata sobre mi sepulcro. Entonces, sosegadas las ruinas de mis huesos, la voz que conserva esa memoria, en nombre de mi infinita gratitud, posaría en el mármol entretejido con la hierba y el epitafio:

Vengo sin otra coordenada

que mi afán de partir desde el olvido.

EL HIJO DEL HOMBRE

El hijo del hombre esparce semillas
clavos de oro.
Un carpintero esculpe
desde el fondo del cielo
a la luz del agua encrespada.
Atiza el imán
que fortalece los sueños
prepara la culpa del resucitado.

A la espera del escriba que envía Andrómeda
sofocado en su oficio se retira
a la esperanza.

Un rayo como trofeo hurga en su memoria
elevando al polvo el sol de su oscuridad.

Su huella es venerada.

Un carpintero no es Dios
un carpintero está crucificado.

ME DEVUELVO A MI TUMBA

Quiero escupir sobre mi tumba
mieles de himno para entender
que la tierra no tiene estigma de Dios
acaso sombra imprecisa de apostadores de
utopías.
Utopías de apostadores de imprecisa sombra
acaso.

Estoy por escribir que el azar no es ideológico
sino que la ideología es el azar sin utilidad
un oficio donde equivocar el tuétano
ampararse detrás del recelo oportuno.
Soy un amputado del mundo
y la voz que me nombra
cobra luz de jueves por domingos de salacidad
salacidad de domingos por jueves de luz cobra.
Así me persiguen lagartos
de abrazo fatal
de ironía hueca
de voces que hincan mi epidermis
de tutelas obtusas
y economías polifemas.

A bordo del silencio

impreciso mi vientre

la conjura del yo se disuelve en el intento de la
saeta

en su lluvia atroz por los omitidos.

Aquellos herejes de sueño y sed

me atacan me devoran me envenenan.

Pero en todo caso soy también otra voz:

Semejante espera su destino

su andar

la cordura.

Qué pequeña tu mueca

Qué poco vino hay en mi boca*.

La memoria es el pasmo del futuro

y para ignorarlo me devuelvo a mi tumba.

* Agustín Lascazas

INICIALES

para Nelson René Morejón

En la tempestad de las mareas
fue sometido al trapecio
asechanza de lo contrario.
Le prohibieron regresar al semen
                              la semilla.

Mientras el alma a la distancia
escanciaba los naufragios.
Ya no era el que existía
detrás de las ideas.
La derecha o la izquierda
eran solo direcciones   anclas
sin vuelta a otra página.
"Prepara tu muerte interior"
Me dijo hacia el final del domingo
Y se fue ahogando
los sentidos afuera
adentro las palabras

el resto

heridas y cicatrices

que le hincan la memoria

calcinan las iniciales

de su remos.

El ostracismo es su constante naufragio.

Las piedras de la escarcela

Cuando llegue el minuto en que mi inocencia se nutra de la tierra

vendré secretamente

por el olvido de algún matiz a la voz tan mínima

hasta la paz que determina el espanto

en el corredor de la ofrenda.

Las piedras de la escarcela se agotan

algunas las arrojé arriba

otras todavía esperando romper el calendario

son puestas en el camino   ansia de retorno

por donde se pierde en la lejanía la memoria que me azota.

Las piedras de la escarcela

hacen evidente la escasez del gesto

sin juicio al estado corpóreo.

Entre el camino ya sin piedras

y mis pasos a la muerte

se eleva auténtico el derecho al arropamiento
por la cicatriz que el risco hace en la mano.
¿Quién va a negar que me hagan ensueños
las aves del crepúsculo?
Y los que me escuchen   lo de lámparas de
aceite hastiados de espinas en los costados
convencidos del alba apagarán la lumbre
aguardando aquellas piedras
que un día de sombra amarga
lancé arriba.

Uno más del rebaño

mi nostalgia es el fondo de los ríos
Raúl Hernández Novás

A dónde voy no lo sé, en lo incierto de la penumbra, la ansiedad carcome los pasos; mi sombra se despide con una irreverencia audaz para los ojos. El ángel redentor es un experimento, Yo: la probeta, tú: el espacio, ellos: la sustancia, todos: la alquimia. En mi herida se esconde un lago de extraños sueños, la añoranza se descorre hasta la médula. Un hombre con voz de pan y rabia, y un regazo de removidas pasiones, un hombre con un pensamiento nómada, pronuncia inscripciones, o arroja lápidas para los que no creen en la muerte como bálsamo y vela de grave concierto a la memoria.

Hoy no puedo ser otro en este golpe de procurar el viaje, mi nostalgia es el fondo de los ríos, amo esta soledad como una mágica travesía, como uno más del rebaño.

Decreto:

Que izar cada mañana un verso de luz
al nocturno de esperanzas
soñar sin légamos en las verdades
hacer puentes de afecto
al desolado espejismo
mirar con los ojos de las manos
los horizontes imposibles
destellos y delirios
arrojar las mentiras del reino de la sangre
y vaciar la sed sin acritud
                    sea la vergüenza de los mortales.

HEMOS QUEDADO

Ahora hemos quedado enarbolando
la estancia de la esperanza
bajo el susurro de la flecha
una y otra vez
a la bondad del destino
—quemante numen.

Mi hijo entonces no quiere pactar
la soledad de las interrogantes.
Desafía las respuestas
de cada mañana
evita la alabanza
disolverse en dádivas
navegar al impulso arcaico
de la obstinación
y el dolor de lo arcano.

El abuelo se arrincona en sus heridas
sabe que vendremos fértiles
a devolverle los muertos prometidos

los tantos ecos del viaje iniciático

y desmemoriado que padece el ateneo.

Yo

por mi cuenta —y sin riesgos—

me extravío en el destello de estos versos

temibles y humanos

adversos o convexos

que preludien

luz nueva

partir espinas

un ojo de intento

una semilla de certidumbre

espejo de pensamiento despejado

almendro

talle de vida

DE LOS ERRORES

Pasó tu universo
visión arrancada de clavel eterno.
Hizo un muestreo de mi desamparo
saltó al risco   al suicidio   a la flecha
mi naturaleza.
Fugitivos los dos tu universo y el mío
se empeñaron en ver la culpa
esparciendo cenizas.
Hallaron más
la oquedad del reflejo
inmerso en el légamo del azogue.
Indefensos hicieron alas en el antro
cercenando la sed.

Profundo demando el signo
no quiero espejos sino semejantes
o en el mejor de los casos
errores como imagen
donde sopesar la culpa.

Al fin y al cabo

¿qué somos más que un amasijo de sofismas
gazapo como género
desatino del Yo?

DE LAS CALLES

Como sentencia pende una flecha sobre mi
cabeza

es tarde de ninfas con rostros elegidos.

Alguien se asoma solazado tras un cristal

reflexiona apodíctico:

milenio

obstinación

veredicto

flecha sobre mi existencia

regazo de una cita con el ojo.

Adjunto al estiércol de mi moneda

el colapso sinfónico de mi sed.

Las lenguas de otros idiomas a mi espalda

corrieron las horas al punto séptimo

sobre aquellos ojos.

Aquellos tantos ojos.

Absoluto atisbo a las exoneradas
putas con manía de liviandad.

Me voy taciturno   casi solo

arropado a mi abolengo

cual monje a su casa profesa

sin pasaporte

sin compromiso editorial

con un orgasmo aproximándome a la ingravidez

que padece esta ciudad

amalgama de vírgenes deseos.

Adjunto al estiércol de mi moneda

la otra cara

un montón de maricas

náufragos de su propio rol.

Regreso omnímodo.

Para qué un final.

FLECHAZO PARA EL REGRESO

para Maribel Longueira

Si te defino caracol y carisma
miento de puerta a puerta
falseo el instante donde fluyes.
Ceñida la memoria
tu realidad se adscribe a la poesía
perfora el índice de asir
nos arrastra su eco
—febriles elfos que somos—
agitas la perspectiva aprehendida
estremeces el vacío ilusionista
con tu risa
con tu luz sin fronteras
con la conjetura apuntándonos
con la música palpitante
    de tu parpadeo
untándonos reminiscencia
    en las vértebras

contra remordimientos prematuros.

Bienvenida a esta vuelta del mundo

al vívido astro

donde sumas primaveras

con signos breves.

Entintado no podría olvidarte

ensanchado el espacio se me vuelve anécdota

las palabras almendras

el ritmo pálpitos

la metáfora longueira

y el instinto sensorial

una abstracción congénita

que cruza imperturbable la nada

hasta el trazo de tus manos

impulsándome a la suite

    de otro poema.

Estoy en el umbral metabólico.

Y sí

el convite no es para la superficie

la saeta premia nuestro destino

y la distancia es un candil

contra la brizna de lo vasto.

Este es un golpe súbito

contra el silencio de la raza

y tiene la permanencia

fermoso flechazo para el regreso.

La Casa de la Poesía, febrero 14, 2008

ITINERARIO

(o puntos de vista)

El pasajero de la culpa:
—No fui yo.

El pasajero de la inocencia:
—Fui yo.

El maquinista:
—Todos son iguales.

El que los ve pasar:

—¿Quién fuera ellos?

Yo desde el andén:
—Escribo al dorso del boleto
mi punto de vista.

PASO LOS CUARENTA

Me preocupa la ingravidez de mis golpes en el
marjal de esta fiebre que apuesta por la vida,
estoy detenido frente al espejo buscando la
verdad de la que hablan los poetas, pero, es
cierto, son unos tramoyistas de tercera ralea;
dicen encontrarse a sí mismos o
«al otro» en la sinceridad del azogue, o dicen
que no dicen para decir finalmente nada
respecto de ellos mismos. Por eso cuando me
miro   al   espejo   estoy   ontológicamente
convencido de ver un fenómeno físico muy
parecido a otro fenómeno biológico que
interactúan uno frente a otro: bastardo,
aleatorio, enclaustrado, polvoriento, efímero.

(…)

Paso los cuarenta.
Algunos pelos atrofian los dientes del peine, y
los dientes con que masco la podredumbre que

me levanta cada mañana me hacen sentir como un lunes atropellado. No hablo de la globalización, me duelen más los adoquines ausentes a la ciudad que lloro que mi propio bolsillo huérfano; sin brújula, con el velamen disperso y roto lo enjuicio todo con el adiós que me va dejando la esperanza de mis veinte, que se juntan con la húmeda clorofila de mi portal desde donde cruzo muecas al porvenir irreverente y movedizo: isla golpeada, fiesta errática, cuerpos delirantes, sarcasmo.

¡...!

Paso los cuarenta.

Me resumo a un manojo de maderas raídos, incinerados y con laca, que no me alcanzaron más que para congelar mi sustancia de soñar. El acero abrasa febrilmente mi escrutinio, lo golpeo, aplauden los incautos; sudo mi eyaculación, la jornada, el rictus perspicaz, la huella diabólica de no mirar atrás, ni ventaneo ni infortunio. Tengo el verso dispuesto, la mesa para el que llegue, un epitafio, invariablemente un epitafio para los parques, el amor que se lleva el polvo, la memoria críptica, mi libertad con seudónimo.

¿...?

Paso los cuarenta.

Amo los basureros, de hecho ellos me aman en su pulcritud lunática.

Paso los cuarenta.

Me asomo al tragaluz, enciendo incienso, bebo una taza de Té, escucho a Perales, admiro la llovizna y la atmósfera que crea en mí.

Comienzo a redactar.

LUZ DE MIS NAUFRAGIOS

Llevados al séquito del futuro

una orden escalofriante

eclipsó astros

franjas de utopías.

Fuimos tercera dimensión

influencias   ápices

agua y viento incorpóreos.

En la angustia de quien intenta hacerse al

espacio

aquella imagen coreada

quiso anunciar algo

a la falacia del mensaje de la creación

así quedó la profecía hominal

como un lamento de la protohistoria: crezcan
los epitafios sin consignas

de lanzas y lágrimas.

Perdónenme lo que no pude

en estas páginas sin calco

hoy que estoy exánime

en la ventana de mis sueños

a la luz de mis naufragios

en demanda de otros cardinales

para el éxodo.

Solsticio del espejo

Si me vieras con los ojos de silencio

al principio sería un vientre impúber

el vestigio de mis pulsaciones se fundiría con tu retina

colgada en el viento.

Fronteras (in)terminables de gaviotas y proas

Cuando se inclinan las auroras al regazo de tu danza

irrigan su voluntad huérfana de naufragios

otras aguas   mi delirio   rumoran

incautas

el recital que en mi pecho guardo

lejos   sin Isla   sin botella para lanzar.

No otra   esa es la imagen devuelta por un espejo

que no me pertenece

cuando sediento me asomo

a beber de la memoria.

Fronteras (in)terminables de amigos y
despedidas.

El salmón y el hombre

Golpeado en la espalda
a falta de espacio
para cicatrices ajenas en mi carne
corroboro mi dolencia
en el afán y el entusiasmo
por la travesía.
Pero qué itinerario no enceguece la verdad
detrás de los proscritos
en virtud de los apóstatas.
Entraré al umbral de las vísceras
arropado al silencio
escribo de afuera para adentro
pero no basta el grito mordaz
doy mi propia avidez
al hambre de supervivencia
y malgasto la materia
en un silencio que aprende
del porvenir de los hombres.
Sospecho que soy Galileo

-otro gladiador-
en las arenas de la ambigüedad.

Extiendo las manos
en espera de la cruz que me otorguen
con la solidez de un mutismo que no comparto
un mutis que me impongo
como al salmón las aguas a todo trance
en su desnuda arrogancia por el instinto.
Un salmón y un hombre no tienen diferencias
en el afán.

Un salmón y un hombre no tienen diferencias
en la callada voz.

Un salmón y un hombre no tienen diferencias
en su destino por la memoria.

SINAPSIS EN LA GARGANTA

para Raúl Hernández Novás

Tu bordón está presto, peregrina.

Mi tristeza también, mi celda grave,

mi quedarme en la sombra, mi trabajo

de grabar en la piedra estas memorias.

Raúl Hernández Novás

CON LA ISLA AL HOMBRO

Somos el ciclo

reencuentro del polvo con el polvo.

Luna-danza rito de triunfo y muerte

cadalso y vaticinio de quien toma puerto.

La existencia hace su propio lazo

pájaros

agua

luz

palabras.

Los astros divagan en su periodo

el cenit cabalga el tiempo

en repetidas remembranzas

un apellido

la risa

el grito

el intento

escaparnos al pasado

yo

una época

un atisbo

el apólogo

otra vez el ciclo

presagio de la piedra

con la isla al hombro.

No me queda otra moneda en la escarcela.

AÚN ASÍ

Los cuervos ya no tienen derecho a las estrellas
desde que hurgan en mis ojos
de paso a la memoria.
Un perfil de peregrino desata la cólera
como remordimiento de aguas consabidas.
En poco será Diciembre aroma inequívoco de
arañar la memoria de puerta en puerta cada
barco incluido el Arca
desde la fría cuenca del Señor
espera restaurar islas de madrigales.
Mis manos abandonan el poema
mientras la sombra descarga flechas
que se adelantan hasta mis playas.
Especulo con el sol que calienta los pulmones
y como un discurso secular advierto lo
insensato de ceñirse a este oficio.

Aún así escribo ignoto
contando con ustedes.

PACTO CON LA SOLEDAD

Conocí la procedencia del verbo
memoria que nunca se ocultó.
Hice una retrospectiva
hallé un espejo
vi mi muerte.

Con mis lluvias apagué el fuego del perdón
proclamé cadáver la intolerancia.

Pacto con la soledad
como el signo de mi sombra.

SOY APENAS

Herido en la angustia me refugio
el cóncavo o convexo cielo y su mirada
soy apenas un haz en la memoria.
Erial en que me adentro.

Un cuerpo aplaude su universal destello
alzando un astro de inflamados versos.

Las piedras se confunden con el pan del tiempo
figuran erguidas tras la lluvia
se irradia mi soledad en el cristal del alma
ennoblece mi tozudez
corro a favor de la estación
por el desprecio con que burlas la muerte.
Cuando digo correr mi hechizo se desgarra
el ansia petrifica al deseo que vislumbro
se me contamina el intento de profanar la
presencia
de la piedra con que tropiezo
el enano deja de ser escuálido remordimiento.
El fugaz universo que atravieso

se hace esperanza de luz y palabra

consuma la sed del egoísmo

tala la blasfemia   en él crezco   afronto

ser continuidad a pesar de la rupturas*.

*Maykel Rafael Paneque

Amor-Tajar

He dicho asombro
donde otros dicen
solamente costumbre.
Jorge Luis Borges

Al costado del siglo

se levanta un monumento a la utopía.

La piedra tallada es la identidad del hombre

la mesocracia cuestiona los caminos

donde habitan las Parcas.

¿Qué puede amortajar un suceso a cuatro paredes?

La memoria del asombro requiere máscaras

que protejan la semejanza de la costumbre.

Presiento inquietud mientras gira la noria

la elocuencia se me desgaja con un ruido sordo

por nombrar lo cotidiano me salen alas.

Yo también divido palabras

trato de merecer otro sufragio

peregrino al signo de mi ansia

aunque las Arpías me persigan la voz.

Frente a la reminiscencia hundo mi talante

sería mis primeros padres el ciclo.

Amor-tajar puede ser el precio

        o la sentencia

Si el costo fuese mi cabeza.

ELEGIDO

Yo tenía muchas cosas que escribirte,
pero no quiero escribírtelas con tinta y pluma.
Tercera Epístola de San Juan Apóstol

Tengo que mentir al firmamento

en las noches de nadie

apostar mis angustias a la flecha

y cabalgar el Pegaso de mis mayores.

Tengo que mentir en mi aventura

como talismán, no enviciarme

hacer un castillo con artificios

habitado por fantasmas, luces y pan.

Adormecerme cada noche de espaldas

a las ventanas cardinales

dejarme catar con mi hueste de memorias

detenerme en Abril, sin gazapos

en Mayo continuar con la fuerza del agua.

Tengo que mentir al aplauso y la gloria

fugadas en una epopeya.

¿Qué imagen conserva verdades en mi
estómago

si pago con monedas ajenas?

Tengo que mentir, ser yo mismo,

pasto de la jácara nunca cantada.

Llegar al frontispicio del Olimpo, escupir brea,

continuar advertido sin inclinarme por mis

mentiras

y reconocerme en las capitales

a manera de polvo y ceniza elegido...

Tengo que mentir

como el mármol a la estatua.

Mi otro yo

En torno al silencio nada se me ocurre.

Tal como soy en la distancia sin riberas

trituro empeños para no morirme

y doy gracias a Homero

pertinaz cautivo de sus propias glándulas

de su estado de perpetuidad para detener los
siglos.

Desde que entorno la escritura

soy otro Morejón.

No yo   ni aquel paralelo a mi signo de
estaciones

cómplice sublime del Cristo que se fuga

cada noche hasta tu sábana.

Soy el que murmura detrás de sus escamas

oculto del mutis

esperando una tribuna.

PARA EL SILENCIO

Voy a la oscuridad

a ensillar los cimientos de la soberbia
con el corazón delante de la sospecha
bajo otro signo en vuelo
del verde al amarillo.

Voy a la oscuridad así vivo en el regreso
de no saber quien fui envejeciendo
con el rumor de las dudas
extraviadas por mis vísceras.

Voy a la oscuridad
a conciliar citas con las palabras.

Los versos son un don que me reservo
para el silencio.

ANSIAS DE INSINUARNOS

> *Yo sé*
> *si no viviéramos seriamos eternos.*
>
> *De tantos pasos*
> *quedó lo que importaba:*
> *la sola huella.*
>
> R. H. N.

Qué cuerpo sostiene desde un disparo

esta muerte que devora tu postrimería

aniquila las monedas

y el sentido común de los paganos.

Del polvo eres náufrago ungido con miel

despiadado escucha del anhelo

proscrito de la muerte.

Ángulos disímiles injurian la mesa el ropero

el resto de los posibles cansancios

y el delito de amar la sangre de otro animal
sapiente

profuso en saltos y delirios.

Todo muerto sueña con un árbol

y le es dado.

Origen fue un relámpago

dedo sobre el percutor   fiesta para la pólvora.

Egoísta de la muerte como el imán de un norte soterrado

sólo agenciabas el estampido

tu estirpe.

Inmortal apagas la luz   creces

conjuras pronunciándote al vergel de la sospecha

repetirte en el intento a ultranza.

Coronado fuiste por el gesto y el quebranto irreverente

porque dormir le es dado a todo hombre.

Qué reflejos absorbieron tus polvos abrumados.

Qué flores te faltaron como preludio.

Qué realidad no asimilaste en tu partida.

Sobre mi corazón llevo tu poema
lo sostengo con mis venas.
Por tu acrobacia suspiro clarín de añoranza
por tu pluma doblo mi página.

Soy toda mi muerte
de vuelta una vez
a los pasos que inundan la sombra
verosímil existencia de fieles a viajes
simbólicos.

El feroz deseo del consagrado
entonces   tu redención.

Ansias de insinuarnos.

Cotorro, verano del 2001

ALGO

De todo cuanto habita

a pesar del pretérito

algo embaraza mi sien

la rosa de un deseo atroz martirizándome.

Algo que no alcanzo

perfora el vientre donde habita mi hambre

el sueño   el crujir

el trino de ciertas aves

algo a soportar   la angustia

estirpe que calzo en el despeño.

La proclama irreducible que es esta isla aun
desde el pretérito

algo todavía   la colmena   la miel   el aguijón

esta es la celda y nada más.

El eco se apaga

la saeta hacia mi manzana   Tell   el destino.

Algo

el cuerpo

   el iris

la luz
aprehenderme al quebranto.

Algo aviva la hoguera

a pesar de la agónica esperanza.

Hormigas un cosquilleo cargar la hojarasca

el sustento

el alcanfor del posible paria que pude ser

algo finalmente improbable.

La cruz que de tanto aferrarme también soy

ella

que soy loco,

   borracho,

      anormal,

         etcétera,

            etcétera.*

Como la fuga

al coloquio amoroso (léase idilio).

Algo muy distante la quimera de creerme quien
soy.

Algo que rasga mi mano   un girasol para ti

perspectiva galana.

Hermano,

hemos de quebrar el tiempo para ser amigos. *

Algo

y este poema.

*Norge Espinosa

BIENVENIDA LA VOZ

—Sucia como el nacimiento de un hombre—

J. L. B.

El caos no es acaso sentir la voz
de quien quiero ser?

Habla silenciosa inquietud.

Las calles esperan mis pasos
alejándose levemente con un verso a cuestas
así veré irreductible
la cripta profanada de mi pecho
como un eco minucioso.
Soy de mirarte
el equilibrista que apuesta por la cuerda.

Conmovido en la terraza del cielo
en el infierno no me reciben
su muchedumbre apela a mis pecados
ignorando desde la bruma
mi insolente propensión a la lágrima

en el cuido por la vergüenza.

Entre el pelotón y mi cuerpo solo hay una
distancia:
Yo
el proyectil otro
la bienvenida de la voz
—*sucia como el nacimiento de un hombre*-.

CANCIÓN TRISTE PARA TU REGRESO

Hasta entonces no me había identificado
    con la madrugada
cómplice voluntaria de mi vigilia.

Quien me supone lejos
esboza tu partida
el abrazo del aire
la nada.

Soy la nada que se consume
próximo al espejismo del olvido
mutación detrás del telón.

Un actor más del elenco de la vida
estrellado contra el público desconsuelo.

CICATRIZ EN LO HONDO

Aunque algo como un rostro impar va
disolviéndose con sinceridad en el espacio.
R. H. N.

Si me quedo nada es igual

porque eres parte de la leyenda de mis ojos.

Si me voy grabo en la piedra mi eutanasia

y no sabes qué significas en tu silencio.

La herida es arca   memoria desnuda

al polvo de las estrellas.

¿Acaso la sed del éxtasis de mis alas

fue el sueño de Luzbel

aquel idiota que recogía delirios en las
tendederas

llenaba ánforas con ensoñaciones impropias

partía por solo agenciarse el retorno

al pozo de los sueños anónimos?

¿Acaso es cierta la propuesta del espejo

que espera mi asomo de rostro y de multitud?

¿Acaso mi pesadilla saldrá al fin
del meollo a la tinta?
¿Acaso temo a la cicatriz en lo hondo?

LA HISTORIA NO ES MÁS

La historia no es más que el tuétano de la
realidad
   reverberando.

Lo demás sería culpar al

poema	destino
teólogo	mundo
filósofo	evolución
mendigo	naturaleza
héroe	religión
profeta	ciudad
papa	cosmos
ocultista	economía
obrero	verdad
mariscal	desarrollo
propietario	herramientas
criminal	luz
inocente	cultura
animal	misterio.

Como ves no tengo mucho que hacer

  no esperes siquiera un poema

    donde se precipiten tu piel y la mía

      hasta el abismo de la luz

    tu nombre permanece en la sombra

por perverso

y esquivo sentimiento

pero mi amor es doble como el café de la calle Mercaderes

y odiado

y querido

y angosto

como los balaustres de un convento.

La historia no es más que el tuétano de la realidad

reverberando.

17 APUNTES SOBRE LA SOSPECHA

Sospecho que soy un payaso. Aplasto murallas que me invento y lanzo a la brisa sorpresas como lobos, con persistencia en la gracia del equilibrio. Sospecho de mi contradicción, al confín del entonces desierto de las distancias al retorno. Sospecho, reclinado en letargos, que el tiempo me utiliza en desaciertos. Sospecho de la imagen que me devuelve, con olor a desmemoria, este espejo ancestral. Sospecho de mis libros, duendes apostados en los bolsillos, distinguidos cómplices, Césares de apacibles vicios. Sospecho del cómo inmiscuirme en la justeza del pretexto. Sospecho de las campanas que enmudecen de la mano del monaguillo, si el tañer es con nosotros. Sospecho de la que abre sus piernas a la canción seminal del ensueño.

Sospecho del límite de la abundancia que llena simbólicamente mi estómago. Sospecho, por vocación perversa de la entelequia, que no hay grandeza en el firmamento del pórtico de las humedades. Sospecho, en secreto escribo, poseído por la ausencia. Sospecho que oficio cada intento de aproximarme al abismo que me atormenta. Sospecho que me late, además del corazón, toda la cabeza a cada trazo. Sospecho de las catedrales, signos y teologías de signar cántaros erráticos. Sospecho del surtidor de vírgenes tinieblas. Sospecho que vuelo en fábulas carentes de moralejas. Sospecho finalmente que soy un anticuario. Trampas que tiendo a la memoria.

MAJADERO

Pensaba en naufragar, cotidianamente embestir la mar de sombras y sorbos, encontrar un vientre alucinado que arrastre para sí la nada que espejea reminiscente; un vientre casi madero en mis fracasos, para cubrir aquellos juguetes declarando mi eterna infancia mutilada. ¿Un leño medrano, semilla-utopía, acaso oreja en mis mares? Bueno es el contorno crepitante, los labios en la edad de este silencio grave donde existo, y, si me lo permiten, bueno es el trago donde los pasos alistan el cuerpo —costal de secretos— a la senda del olvido lo que no nos fue dado abrazar clínicamente para escapar por las rendijas al jardín de los epitafios.

Aquí, en el hondo, donde se convocan los inviernos a creer en los párpados, lloro el triunfo del horizonte, no consigo reconocerme en los espejos y por ello tampoco pediré permiso para extraviarme en sus desafíos. No piensen *qué majadero.* Sólo pensaba en naufragar.

QUÉ HAGO

(con mi realidad)

Después del perpetuo de-venir, mi estatua
ensilla la prudencia más triste

la del refugio que asalta las piedras por
recorrer

hasta mi orgullo.

Es la sima una estrechez justiciera de la
palabra

que acintura esta impaciencia

en el rugiente laberinto del espejo.

No voy a juntar más que los mensajes que otros
masticaron

para los conformes menesteres del verano de
tus aguas.

Bien sé: vuelves

y se desvanecen intangibles

las huellas de los viajeros

la algarabía de los alucinados y las

generaciones presurosas

de sombras de soledad.

En un principio el poeta sabe de gajos y se entierra

a buscar la espesura

como un adicto en su último viaje

pero ahora se supone

estoy camino de tu evocación

y el viento aletarga mis pasos

y la casa me parece una distancia insospechada

y los huesos se ahuecan

y el delirio me consume

y me masturbo para ignorarte

y te ignoro pero no

y de la ventana de mi inocencia se filtra la humedad

        sobre mis manos que no te alcanzan

y lo brevísimo de éste morir se fuga pulcro en mi vientre

y repito en la memoria tus ojos de alevilla que y

lo brevísimo de éste morir se fuga pulcro en mi vientre

y repito en la memoria tus ojos de alevilla que

disparan en mí tu regreso

y qué hago con mi realidad.

*Déjame arder bajo tus cielos, hasta
que tus aguas, Amor, cubran mi orgullo*.

*Raúl Hernández Novás

Sueño con Ser-Piente

Las palabras llevan el delito de acusarnos de culpables.

R. M.

Piente no es nadie en particular
    ni en general
no puedo decir que sea mi fantasma
o ningún otro
sólo me despierta su afán aberrante
un sobrecogimiento de letras
que saltan mayusculando al resto
sin palabras precisas
un jirón conductual que incorpora
mi cuerpo y lo alza proyectándolo
todavía no sé contra qué
pero siento el golpe labrante
de barrer la zozobra de mis recuerdos.

Me alerta la sed
tamaña conjetura sonoro atisbo
que yo pueda diluirte

debajo del obturador

casi delante

de tus ojos de alevilla

me alerta sí

de la llo

v   iz   na

len   ta y

del ve r

du

     go

 tiempo

escamoteando

la risa que consume Piente

cuando me abraza

en este delirio habitual

de no tener paz

con el delito templado

de las palabras.

TOCATA Y FUGA

a Segisfredo Álvarez Conesa

Aparto la exigente cercanía
Y otro diálogo busco, otra confianza
de ungir tu permanencia con mi prisa.
R. H. N.

Acude a mí la sentencia

edad impecable

donde no se pregunta ya nada

y de suicida remanso

tus voces me absorban

acude impoluta la mano

sea la lluvia la vid

esta angustia un río

duplicado en mis páginas

sin que nadie lo sepa.

Acude el espanto

atávico y cómplice

quizás inefable a golpe de sol

a mí el tramoyista

más granado

dispuesto a sumar una bala

enigma para el olvido.

Qué nacerá ese día cuando te vaya a ver

razones de un impulso carnal

ventana abierta

a la eternidad del silencio

tocata en fuga

para testigos de tu tiempo.

Qué nacerá ese día

cuando la metafísica responda: está muerto.

Y el tiempo traicione al destino

y la tarde decline mis ojos

y la voz de la angustia sangre

    entusiasmada

y sea un misterio delicadamente

    intolerable.

Qué nacerá ese día

cuando el espejo fingido de versos

venga a recoger tu despojo

y encuentre en el azogue

como una espada hundida

la mentira: no estar muerto

y ver ardiendo tus sueños.

TRAZOS DE ÚLTIMA SOLEDAD

PARA CORBATAS DE PAPEL

...pero todo es mentira: los altares lo saben, lo
murmuran, lo gimen.

Gastón Baquero

No voy a calcinar mis huesos en el sitio
desalmendrado

del espejo   el polvo   los relojes

existe el verbo del que escucha reluctante

aparecer la sombra.

Donde están los amigos el camino es

de muros sofocados y claridad

para que los puentes regresen más puentes

aunque el pretexto —perverso claustro—

respire más argucia en su fuga a la carne.

Así   gravemente ungido del destino
abrasador

en el ojo una cremallera y en la voz una
apurada rosa

inauguro un tatuaje en mi gruta

una inspirada adjetivación

lacerando la espuma que me golpea o me
abraza que ya ni sé

*-pero todo es mentira: los altares lo saben, lo
murmuran, lo gimen-*

y todo es mercar hasta la voz, la isla-voz

y por la merca —calandria decapitada—

el juego se atormenta

se funde con el arco

se pliega a la flecha

y procura el delirio del intento

es entonces cuando miro debajo de mis plantas

y pregunto qué recogen su humedad sombría

que las piedras se asoman límpidas a
cuestionar mi nombre

mi perfil imperfecto e impasible.

La capilla que me construyo

ahoga el silencio

que se ríe de las corbatas de papel

porque en ese apagar la voz se levantan las
miserias

buscando un filo de agua germinal

hasta una extensión donde los pífanos mastican

la acorralada blasfemia: su verdad inaudita y
sorda.

Quiero ahora recordarles que solo soy un
carpintero a mitad de la página

sin arrojo de elación.

Un carpintero amador de esta ciudad

carcomida de ausencias y desajustes

un carpintero que no arrincona la eterna
esperanza

de cien escondrijos en los almanaques

coma clínico de la historia (con minúscula)

de los muros llorando al mar.

Un carpintero maldiciendo al diletante que
yerra en las mañanas

y nos culpa a la próxima

esclavo de su propio «nos».

Un carpintero alucinado con la profundidad de
la hornacina

para los adictos al salterio que apagan las
miradas sibilinas

de argentadas y azogadas metáforas
crepusculares.

Es así que el equilibrista ajusta la cuerda

para adentrarse en las tripas de la noche.

En un principio (léase génesis)

Dios con todas sus respuestas: el silencio.

—Su espiral lejanía—.

Alucino

blasfemo

vago

redacto

jadeo

despierto del cansancio que engendra la andanza

hago un gesto de resignación por el otro extremo

otro destino.

Intento ajustar la realidad

a la recompensa por lo fundado.

MONÓLOGO DEL DISCURSO

Lo sé.

Por el engendro y el polvo en el ansia de perpetuidad, en la acumulación de lápidas sellando verdades de acendradas vísceras que mastican mandíbulas ungidas de verde agreste, carne consternada en el azogue que nos pusieron delante a la nada, a un eje unitario y pertinaz en *la piel del gladiador que se desploma**, incunable alarido que se urde en las barbas de Dioses umbríos.

Estoy frente a mis consecuencias y rehúso empacarlas con el sustento de lenguas y mieles ecuménicas, en mi diálogo con el tiempo edifico un himno y fragmento la realidad entre el Yo y un manojo de gestos impostergables que patean el porvenir. Acumulo épocas y épocas, semillas que disuelvo en la euforia por los años que nos separan de los bordes de la Isla, pero mis hijos crecen y descubren la saeta en el portentoso horizonte y lanzan botellas con mensajes al agua, fracturaban la pupila para ignorar lo fecundando del verbo, arremeten contra el roce de la culpa, alejados de mi voz por la promesa de futuro que les alcanza mi eco y se persignan por el árbol donde me acodé.

Entonces, frente a ellos hablo con frases que no caben en su carcaj, conminándolos a redimir el anverso de mi soflama, repitiendo el dolor que habita en la justicia preñada cuando cae al suelo por desajustes en la memoria del tiempo y alisto sus corolarios por recurrir al silencio empozado en todo margen. Finalmente me desgloso de cuantos ambicionan y sé que el grito es a la ponzoña que anida tras la comunión del nosotros arrasador del Yo leal.

Quedo como tantos, la idea no se me pierde en la confusión sino en el intento, mientras la diástole arropa mi pesquisa y su acrobacia.

El agua rumora, el delta es mi Isla de empecinarme.

*Karel Leyva Ferrer

Editorial Letra Viva©

2013

Postal Office Box 14-0253
Coral Gables, FL 33114-0253